너를 위한 노래

한국대표
명시선
100

신 달 자

너를 위한 노래

시인생각

■ 시인의 말

백치 애인

나에겐 백치 애인이 있다.
그 바보의 됨됨이가 얼마나 나를 슬프게 하는지 모른다.
내가 얼마나 저를 사랑하는지를, 그리워하는지를 그는 모른다. 별 볼일 없이 우연히, 정말이지 우연히 저를 만나게 될까 봐서 길거리의 한 모퉁이를 지켜 서 있는지를 그는 모른다. 제 단골 찻집에서 찻집 문이 열릴 때마다 불길 같은 애수의 눈을 쏟고 있는지를 그는 모른다. 길거리에서 백화점에서 또는 버스 속에서 시장에서, 행여 어떤 곳에도 네가 나타날 수 있으리라는 착각에 긴장된 얼굴을 하고 사방을 두리번거리는 이 안타까움을 그는 모른다. 밤이면 네게 줄 편지를 쓰고 또 쓰면서 결코 부치지 못하는 이 어리석음을 그는 모른다.
그는 아무것도 모른다. 적어도 내게 있어서 그는 아무것도 볼 수 없는 장님이며, 내 목소리를 듣지 못하는 귀머거리이며, 내게 한마디 말도 해오지 않으니 그는 벙어리이다.
바보 애인아. 너는 나를 떠난 그 어디서나 총명하고 과감하면서, 내게 와서 너는 백치가 되고 바보가 되는가.
그러나 나는 백치인 너를 사랑하며 바보인 너를 좋아한다.
우리가 불로 만나 타오를 수 없고 물로 만나 합쳐 흐를 수 없을 때, 너는 차라리 백치임이 다행이었을 것이다. 너는 그것을 알 것이다.
바보 애인아. 너는 그 허허로운 결과를 알고 먼저 네 마음을 돌처럼 굳혔는가. 그 돌 같은 침묵 속으로 네 감정을 가두어 두면서 스스로 너는 백치가 되어서 사랑을 영원하게 하는가.

바보 애인아. 세상은 날로 적막하여 제 얼굴을 드러내는 것이 큰 과업처럼 야단스럽고 또한 그처럼도 못 하는 자는 절로 바보가 되기도 하는 세상이다. 그래, 바보가 되자. 바보인 너를 내가 사랑하고 백치인 네 영혼에 나를 묻으리라.

바보 애인아. 거듭 부르는 나의 백치 애인아. 잠에 빠지고 그 마지막 순간에 너를 부르며 잠에서 깬 그 첫 여명의 밝음을 비벼 집고 니의 환상을 좇는 것을 너는 모른다. 너는 너무 모른다. 정말이지 너는 바보, 백치인가.

그래 백치이다. 우리는 바보가 되자. 이 세상에 아주 제일 가는 바보가 되어서 모르는 척하며 살자. 기억 속의 사람은 되지 말며 잊혀진 사람도 되지 말며 이렇게 모르는 척 살아가자. 우리가 언제 악수를 나누었으며 우리가 언제 마주앉아 차를 마셨던가. 길을 걷다가 어깨를 부딪고 지나가는 아무 상관없는 행인처럼 그렇게 모르는 척 살아가는 거다.

바보 애인아. 아무 상관없는 그런 관계에선 우리에게 결코 이별은 오지 않을 것이다.

그러나 너는 나의 애인이다. 백치 애인이다.

아, 영원한 나의 애인.

저자 신 달 자

■ 차 례 ─────────── 너를 위한 노래

시인의 말_백치 애인

1
너를 위한 노래 1　13
너를 위한 노래 2　15
너를 위한 노래 3　17
너를 위한 노래 4　18
너를 위한 노래 5　20
너를 위한 노래 6　22
너를 위한 노래 7　23
너를 위한 노래 8　24
너를 위한 노래 9　25
너를 위한 노래 10　26

한국대표명시선100 신달자

2

아가·11   29
아가·12   30
아가·13   32
아가·14   33
아가·15   34
아가·16   35
아가·17   36
아가·18   38
아가·19   39
아가·20   40
아가·21   41

3

아가 · 22　　45
아가 · 23　　46
아가 · 24　　47
아가 · 25　　48
아가 · 26　　49
아가 · 27　　51
아가 · 28　　52
아가 · 29　　53
아가 · 30　　54
아가 · 31　　55
아가 · 32　　56
아가 · 33　　57

4

토박이　61

참된 친구　62

선물　64

바람꽃　66

사랑은　68

이별의 노래　69

꽃　73

거리에서　74

백치 슬픔　75

5

약속　79
그리움　80
엘리베이터　81
슬픔　82
폭풍　84
당신의 협곡峽谷　85
네가 눈뜨는 새벽에　87

신달자 연보　89

1

너를 위한 노래 1

동트는 새벽에
시의 첫 줄을 쓰고
불꽃으로 잦아드는 석양에
시의 마지막 줄을 끝내어
어둠 너울대는 강물에 시를 띄운다.

어디까지 갈지 나도 몰라
강물 따라가노라면 너 있는 곳
바로 보이는지 그것도 몰라
다만 나 지금은
내 몸에서 깨어나는 신선한 피
뜨거우므로 일렁이는 처음 떠오르는 말을
하루 한 편의 시로 네게 전하고 싶다.

하루 한 편의 시로
광막한 사막의 모래바람 냉정히 떠나보내고
맨발로 자정의 거리 헤매는 광기
고요히 작별하고
머리카락 물에 잠기는 탐욕도
등 문질러 달래우고

하루 한 편의 시로
네게 조금씩 다가가
신선한 발자국 소리로 너에게
그윽이 배어들고 싶다.
그러기 위해
어둠의 강에 조금씩 내 살 허물고
내 굽은 뼈 사정없이 다듬어서
상아피리 같은 맑은 혼의 소리를 자아내는
너를 위한 노래 하나쯤 만들고 싶다.
네 영혼이 깨어 더듬어 내게 이르는…….

너를 위한 노래 2

나팔 하나 사고 싶다.
이름 없는 손으로 빚어져서
종로거리에 걸려 있는 나팔 하나 사서
너를 향해 무슨 소리 하나 내고 싶다.

내 심신의 힘
있는 대로 쏟아 부어
간장이 터지면 터지더라도
마지막 열정으로 가락 하나 만들어 낸다면
그대여 이름 없는 나팔은
너무 거룩해 어디 둘 곳이 없을 것을.

아 그 나팔은
파열한 내 심장
내 혼으로 숨 쉬어
내가 아닌 다른 사람이 불어도
너의 이름이 천지를 진동할 것을

나팔 하나 사고 싶다.
밀회의 떨리는 약속 장소를 가듯

일상의 담벼락을 바람처럼 빠져나가
금속의 둔탁한 악기에
내 눈물의 생을 걸러
희열과 환희 그중 좋은 것
너에게 숨차게 전하고 싶다.

너를 위한 노래 3

첫사랑은 아니다마는
이 울렁거림 얼마나 귀한지
네가 알까 몰라.

말은 속되다
어째서 이리도
주머니마다 먼지 낀 언어들

이건 아니다 이건 아니다
다 버리고 버리고
그러고도 남아 있는
한 가지
분명한 진실
이때 아닌 별소나기
울렁거림
네가 알까 몰라.

너를 위한 노래 4

바람 부는 겨울
새벽 역두에 나가고 싶다.

쫓겨난 여자처럼 머리카락을 날리며
긴 코트의 주머니에 두 손을 찌르고
느린 걸음으로
역두를 서성이고 싶다.

그대여 그런 날 새벽에
우연히 널 만날 수는 없을까
나는 수없이 뒤를 돌아보며 약속 없는
너의 목소리에 귀 기울이며
내가 탈 기차를 보내고
그다음의 기차를 보내며
시린 가슴으로 떨고 있을 때
두 손을 흔들며 달려오는 너를 만날 수는 없을까

새벽 역두에 나가고 싶다.
찬비 뿌리는 새벽
우산을 받쳐 들고 역두를 서성이면

멀리 보이는 불빛들의 젖은
그림자 일렁이는 무늬 속으로
너는 보이고 그리고 없고

그러나 나 결코 떠나지 않으며
너를 기다리며
바람과 함께 흔들리며
비와 함께 떨어지며
너를 기다리며 그렇게
참으로 어리석은 낭만을 믿으며 나는
겨울 역두에 서 있고 싶다.

늦은 밤 자정인들 어떠랴
축축이 젖은 채로
널 우연히 만날 수만 있다면.

너를 위한 노래 5

한 발자국만 가면 수심 깊은 강
이쯤에서 너의 이름을 부른다.

바람이 지나온 세월을 찢고 있다
아직은 다 죽지 못해서
내 피 섞인 시간들
울부짖으며 뜯기며 넝마가 되네.

바람은 내 충직한 하수인
흉물스러운 모습들 내 등뒤로 날아 보냈는지
경건히 남은 목숨을 내어 놓고
수심 깊은 강에 먼저 마음이 걸어가는
고요한 명목의 시간
바람도 나와 같이 무릎 꿇는다.

하늘의 초승달 은빛 칼처럼 내려다본다.
내 무엇을 숨길 수 있으랴
어디를 간들 바람을 피하며
혹은 하늘의 시선을 거스를 수 있느냐

내 이미 수심 깊은 강에 들어섰으니
그대여 나는 너의 이름을 부를 뿐.

너를 위한 노래 6

그 순간이다.
내 몸 안에 상한 새들
푸드득거리며 일제히 날아오르고
내 손등에 떨어지는 빛바랜 깃털들
어디선가 비춰지는 오묘한 색을 받네.

이상하다.
그냥 몽롱했어.
세상이 정지하고 있었어. 그러나
언 땅을 들어 올리는 봄의 힘이
발끝을 뜨겁게 하고 있었어.

방향을 알 필요는 없었지만 방향 몰라
나는 두리번거리며 서서
손을 들어 올리면 무지개라도 잡힐 듯했지.

그래 그 순간이었어.
우주가 나를 덮치는 것 같은
너의 목소리를 내가 들을 때.

너를 위한 노래 7

출근시간 오산을 지나는 고속도로는
안개로 자욱하다.

그저 오산쯤을 지나간다는 예감 위로
무겁게 다가오는 지상의 구름
그것은 그저 손을 들어라 한다.

회색 고문이 무슨 자백을 들으려는지
길에 영문 모를 불을 놓고 있네.

내가 먼저 저 위험 거두려면
입 열고 말아
앞을 막고 버티어 선 저 명령
복종하면 하얗게 길 밝혀지는지

그러나 그대여
나는 저 안개에 파묻혀 서럽게 누울지라도

말 못하겠네 너에게도 전하지 못한
내 생애 마지막 사랑에 대한 이야기를

너를 위한 노래 8

하고 싶은 말은 하고 싶은 사람 앞에서
절로 말이 되는 법
그러나 하고 싶은 말은 하고 싶은 사람 앞에서
절로 바람이 되는 법.

너는 알지 몰라
밤 11시 경부고속도로
미친 듯 달리는 불빛물결 속에서
나 한마디 말 껴안고
겨우 어둠을 가르는 것을.

영혼의 봉헌처럼 엄숙하게
말의 완성에 이르는
하나의 말
진통 끝에 태어나는
따뜻한 생명

그대여
나는 지금 사무친다.

너를 위한 노래 9

산은
산만큼의
말줄임표

침묵 속에서
차고 빛나는
하나의 정신으로 남기 위하여

나는
나의 사랑만 한
말줄임표

너를 위한 노래 10

문 잠긴 방에도
새벽 오듯

창 없는 감옥에도
봄 오듯

눈감고 있는 내게
너 온다

빛의 속도로

2

아가 · 11

그대는 물 위를 걸어온다
나도 물 위를 걸어간다

우리가 물 위에 마주 섰을 때
하늘에서 한 줄기 빛이 내리고
천사의 음성이 들려왔다

이제야 너희는 만났다

그 순간
곳곳에서 기적이 일어나고
불시에 길고 긴 나의 지병이
씻은 듯 나았다

지금껏 비어 있던
나의 광주리에
서기瑞氣가 돌고
넘치게
바다를 담고도
흘릴 것 같지 않았다

아가 · 12

그곳은 지상이었을까
눈 덮인 겨울 강 위에 달빛이 누워 있었다
그대여 우리는
여기에 이르렀음을

티끌은 다 사라지고
맑은 영혼으로 이르는
신의 내해內海

달빛 물든 순백의 길을 따라가니
하느님이 다정히
시를 낭독해 주신다
사랑하는 마음이 더듬어간
천국의 문

진실로 사랑하는 연인은
하느님이 불러
서정시를 낭독해 주신다

지금까지 살아온

긴 그림자를 벗어 버리고

하느님의 서정시에 발맞추어 걸어가는
우리의 금빛 새 발길

아가 · 13

개나리가 피고
이어 진달래
이 강산은 가득히
꽃으로 뒤덮이고 있구나
우리 사랑의 기밀이 폭로되었나
마을마다
들판마다
높고 낮은 산마다
내밀한 속살 열어젖히며
피어나는 꽃 꽃 꽃
이 강산 끝까지 퍼지는
사랑 이야기
틀림없다
우리 사랑의 기밀이
새어 나 버린 것이다

아가 · 14

오늘 그대에게 소식이 왔다
고개 숙인 해바라기
도도히 고개 치켜들고
생애 단 한 번 절정의 미소를
예비하고 있다
밖에는 바람도 고요히
미운 지도 싫은 자도 없으리니
오늘 그대에게 소식이 온 날
베고 자던 목침木枕에도
발그레 화기가 돌고

아가 · 15

해가 저물고 밤이 왔다
그러나 그대여
우리의 밤은 어둡지 않구나
바라보는 마음에 따라
어둠은
물처럼 부드럽게 풀려
잘 닦은 거울처럼
앞뒤로 걸려 있거니
그대의 떨리는 눈썹 한 가닥
가깝게 보이누나
밝은 어둠 속에
5분쯤 누웠다가 다시 일어나
나는 글을 쓴다
첫 장에 눈부신 그대 이름
절로 밝아 오는 하나의 등불
내 생生의 찬란한 축등祝燈이 켜진다

아가 · 16

흰 눈발이 흩날리는
호수의 둑을 그대는 걸어간다
마치 인류의 역사 가운데
이 시간을 신이 예비한 것처럼
신이 허락한
한순간의 축복이
쏟아지는 눈발 속에 잠기고
세상에 내리는 눈들 모두가
호수의 둑을 중심으로
환희의 꽃송이로 열리고 있다

그대가 걸어간다
신의 뒷모습이 보이는
겨울 정오

아가 · 17

울리는 전화벨

그대의 음성이
긴긴 터널을 뚫고 건너왔다

황금 모란 한 송이
수화기 끝에 피어나고
저어새 몇 마리
퍼덕이며 날아오른다

진실로 살아나는 모습의
목숨이
이처럼 확실히
보이는 때는 없다

상큼하게 달려와
피의 순환처럼
온몸을 돌고 도는
그대 목소리

지금 이월인데
봄이 만개하는
나의 뜰을 내려다본다

아가 · 18

찔레꽃 한 줌 씹다가 뱉은
그런 환한 입속 같은 세상
너와 함께라면
평생 그런 세상 이어지겠네

솔잎순 한 줌 뜯다 만 손
그런 솔향 그윽이 배어나는 세상
너와 함께라면
평생 그런 세상 이어지겠네

저물녘 코끝에 스치는 풀내음
그런 풋풋한 고향 새벽 같은 세상
너와 함께라면
평생 그런 세상 이어지겠네

비췻빛 옥수玉水 흐르는
꿈길 같은 계곡
아득히 죽 뻗은 길로 이어지고 있겠네

아가 · 19

새벽별 하나
어둠 밝히고
내 머리맡께
그대 보낸 심부름꾼이
두루마리 편지를 펼쳐 놓고 있다

하룻밤 안부가
이리도 길 수 있는가
사랑의 끝말은
아직도 멀고
다시 새벽에
나는 편지를 읽는다

내 생애
그대 편지 절반이나 읽고
죽을 수 있을까

풀어도 풀어도
또 처음처럼
남아 있는
그대 두루마리 편지

아가 · 20

나를 잃음으로
너를 얻는다

너를 얻음으로
나를 찾는다

그제서야
진실한 나를 가진다

아가 · 21

저녁 7시
비 내리는 남한산성에
그대가 서 있다

성남시 불빛이 아득히
물안개에 젖고
젖은 어둠에 몸을 적시는
나무들이
일제히 그대를 둘러선다

어디에서건
하느님도 보시리라
그 섬세한 눈빛으로
나누는 자연과의 교감을
사랑스럽게 내려다보시리라

단 한 번만 켤 수 있는
심장의 불
그대여
나는 지금 그 불을 켠다

3

아가 · 22

가장 높이 나는 새여
부럽지 않다

나의 마음은
이미 하늘을 뚫었으니

나는 너보다
더 사랑하고 있다

새의 비상을 앞지르는
나의 날개

아가 · 23

손끝이 타들어 간다
그대와 헤어진 지
사흘
너무 긴 세월이 흘러갔다
바람마다 잡고 애원하며 묻노니
샅샅이 뒤지는 수소문 끝에도
잡혀지지 않는
그대 행방
너무 긴 세월이 흘러갔다
그대와 헤어진 지
사흘

아가 · 24

바람이 분다
온몸에 꽃이 피어난다
이런 일이 있을 수 있는가
믿어지지 않아
그대를 불러 보면
내 입에서 또 환하게
피어나는 꽃송이 꽃송이
세상 꽃들은 다 자취를 감추고
오직 내 몸에서만 꽃이 핀다
이런 일이 있을 수 있는가
바람이 분다
세상 만물이 놀라 눈뜨는
가득한 향기

아가 · 25

해발 천 미터
하늘이 가까운 운두령雲頭嶺 고개를
넘어갑니다
생生의 한고비를 넘어갑니다
그대 손끝이 가리키는 그곳
신이
처음 보는 세상 하나를
풀어놓고 있습니다
태초에 처음 내리는 햇살 퍼지고
계곡 낀 산야에
세상의 가을들이 무리 지어 달려와
발 닿는 곳마다
비단 보자기를 깔아 놓으니
우리의 마음은
해발 이천 미터의 고개를 넘고
사람 중에는 처음
하늘에 닿았습니다

아가 · 26

가자
우리들의 상처를 찾아서
우리들이 걸어온 겨울
수시로 바람 불어 살 저리고
펑펑 눈물 쏟던
겨울 속의 상처를 만나기 위하여
그대와 나는
겨울 쪽으로 몸을 돌리자
사랑은
상처를 키우는 일
상처를 꽃피우는 일
상처를 나누는 일
그 고통의 기쁨을 찾기 위해
겨울로 가자
우리는 지금 사랑하고 있으니
깊이 그늘진 한恨의 옷고름 풀어도
꽃이 벙그니
그 꽃의 줄기를 따라
뿌리의 아픈 고통을 찾아가자
우리의 더운 가슴으로

고통을 껴안고
우리의 더운 손으로
상처의 상처를 쓰다듬기 위하여
가자 가자
나중엔 넋으로도
너울너울 뒤처지지 않고
나란히 나란히
손잡고 가자

아가 · 27

1밀리미터의 오차도 없다
꼭 맞다
신이 만든 연분
거역할 수 없이
한 쌍의 본보기로
세상에 두신
남자 하나
여자 하나.

아가 · 28

노을로도
거나하게 취한다

우리가 함께 있으면
풀꽃 하에도
궁궐이 서고
예쁜 새 만나면
저 창공에도
포근한 우리 잠자리가 있다

사나운 가시넝쿨에도
햇살이 쏟아져 다사롭고
가지로부터 떨어지는 잎새 하나
바람 타고
경쾌한 리듬으로 노래한다

그대여
우리가 함께 있으면
내 고향 산천에
별거지 하나도 금빛 옷을 입는다.

아가 · 29

새벽에
그대는 이슬 안에 들고
이슬 속으로 나를 불러들인다
첫날 첫 햇살이 오는 길목에서
그대 이름 부르면
나는
어디에도 없는 문을 열고
이슬 안에 고이 들어서서
꿈꾸던 세상을 그곳에서 본다
세상보다 더 큰 세상
그곳에서 본다

아가 · 30

하루분의 생명을 건네받고
오늘도 나는 하직인사를 했다
벌써 몇 해쨌가
날마다 나는 그대와 만나
하루분의 수명壽命을 연장하고
내일을 언약하고 하직 인사를 한다
구름 위에 내일을 걸어 두고
잠이 들지만
그대 손으로 건네받지 않으면
나의 내일은 구름일 뿐

오늘 내 하루분의 생명은 건강하다.

아가 · 31

절벽 바위틈새
나리꽃 한 송이 피어 있다
위험한 자태로
요염하게 웃고 있는
저 유혹의 노을빛 입술
누가 거기 입술을 포개며
죽을 수 있을까
아스스 피어 있는
절체절명 사랑의 꽃.

아가 · 32

녹음청청 풀물이 돈다
형벌처럼 내리쬐는
오뉴월 뙤약볕에
검푸른 녹음이 파도로 부서지고
이 여름
시퍼렇게 내 몸은
이파리로 무성하다
따루어도 따루어도
차 오르기만 하는
싱싱하게 부풀어 오르는
내 여성도 완연 여름.

아가 · 33

목월木月 시가 떠오르는
저물녘의 촌가에
한 집 두 집 불이 켜지고 있다

행복의 실타래를 감는
촌부의 두 팔에
느슨히 감기는 겨울 별빛

근심의 말은
군불아궁이에 밀어 넣고
고요히 어둠이 짙어 가는
밤 9시
바알갛게 켜 있는
촌가의 불빛으로
그대와 나의 언 발을 녹인다.

4

토박이

그렇게 하기로 했다
망설임으로 보낸 세월세월
이제야 하나의 결론에 이르렀다

가슴 속을 떠도는
뜨내기 나그네
다 떠나보내고

너 하나
토박이로
영영 붙들어 살리기로 했다

내 인생의 본토박이로
눌러 살리기로 했다.

참된 친구

나의 노트에
너의 이름을 쓴다

'참된 친구'
이것이 너의 이름이다

이건 내가 지은 이름이지만
내가 지은 이름만은 아니다
너를 처음 볼 때
이 이름의 주인이 너라는 것을
나는 알았다

지금 나는 혼자가 아니다
손수건 하나를 사도
'나의 것'이라 하지 않고
'우리의 것'이라 말하며 산다

세상에 좋은 일만 있으라
너의 활짝 핀 웃음을 보게
세상엔 아름다운 일만 있으라

'참된 친구'
이것이 너의 이름이다

넘어지는 일이 있어도
울고 싶은 일이 일어나도
마음처럼 말을 못하는
바보 마음을 알아주는
참된 친구 있으니
내 옆은 이제 허전하지 않으리

너의 깨끗한 손을 다오
너의 손에도
참된 친구라고 쓰고 싶다
그리고 나도 참된 친구로
다시 태어나고 싶다.

선물

피아노 소리일까 바이올린 소리일까
가깝게 맑은 악기 소리 울린다
너의 선물을 생각하는
나는 감미로운 악기인가 봐

거리로 나갔다 시장 백화점
선물을 고르기 위해
다리가 휘청거리도록
종일 기웃거렸다
왜 선물이 그렇게 정해지지 않았을까

그러나
내 마음을 나는 잘 알지
뭘 살까 생각하는 그 마음을
즐기기 위해 나는 오래 선물을
정하지 않고 행복해한 거야

선물은 물건이 아니라 마음이란 걸
선물을 사면서 나는 알았어
이 행복한 마음

바로 네가 준 선물임을
그때 나는 알았어.

바람꽃

깃발도 아니면서
해가 지는 나뭇가지마다
너의 얼굴은 나부낀다

혼자 있거나 그렇지 않더라도
너의 목소리는
바람처럼 숨어들어
내 작은 마음에
유리병처럼 꽃으로 와 피는가

바람꽃이라 하면 좋으냐
바람꽃이라 하면 좋으냐

보이지도 않으면서
사정없이 나를 흔들고
내 안에 가득하면서
붙들 수도 없는
너를 바람꽃으로 부르면 좋으냐

어디를 가고 있느냐

우리는 무슨 이름으로 가고 있는지
오늘도 나는 빈방에서
한 줄의 해답도 쓰지 못한 채
싱싱하게 잎새를 열어 벙그는
너의 웃음만 본다

너는 모르고 있는데
너의 얼굴
너의 목소리는
깊은 꿈속까지 불어와
나도 모르게 적어 놓은
부끄러운 낙서들 흔들어 놓으니

눈에는 반짝이는 젖은 별 하나
눈물꽃이라 하면 좋으냐
눈물꽃이라 하면 좋으냐
숨어 꽃피는 내 사랑
눈물꽃이라 하면 좋으냐.

사랑은

사랑은
나의 결점

도시
숨기지를 못한다

사랑은
나의 패배

한번도
완성되는 법이 없다

사랑은
나의 악습

결코
포기하지 않는다.

이별의 노래

쓰레기 하치장이나
폐수 흐르는 하수도에서나
만날 것인가
이 봄 우리의 사랑
어느 곳에서도 싹터 오지 않는다

어둠을 예고하는
예언의 불빛
저 노을은 그대를 찾기 전
스러져 가고
비 내리는 저녁 일곱 시
신사동에서 버스를 탄다

광화문엔 서럽게 바람이 불고
지하도엔 그대 발자국도 지워져 갔는데
찢어진 비닐우산처럼
찢어져 펄럭이는 우리들의 기억
봄비에 젖으며 떨고 있구나

꿈에서도 엇갈리는 꿈

꿈에서도 보듬지 못하는
우리 사랑
그대여
어느 길로 들어야 마주칠 것인가

부서지고 문드러진 가슴에서라도
자유의 이름으로 부둥켜안고
사랑의 이름으로 눈물 흘리자
어둠을 헤쳐 온 강인한 손으로
서로의 눈물을 닦아 주면 되리라

별이 빛나는 밤
바람으로 바람으로 더듬어
그대 내 집 문 흔들어
괴로운 꿈에 허덕이는
허전한 두 손을 맞잡아 주리니
아픈 이름 그대 눈물 나는 얼굴을
만나려고 잠을 잔다
적막한 잠을 잔다

그대여
나는 자꾸 작아지고 있다
우리의 저울대는
기울고 기울어
이제는 수평을 이룰 수는 없는 것인가
바로 볼 수 없는 나의 님이여

그대는 나의 예배
나의 범죄
나의 순리順理요 구속이므로
오늘도 고전주의식 의상을
호올로 깁는다

어둠이 내린
광화문에 서럽게 비가 내리고
불빛 찬란한 지하도로를 건널 때
미움보다는 사랑이 필요했다
단절보다는 화해를 생각했다
우뚝 솟은 교보 빌딩 불빛과 함께
출렁이며 다가오는 그대 얼굴

곳곳에 그대 얼굴

쓸쓸히 버스를 기다릴 때
아 어지러운 현기증 끊임없는 구역질
그대여
나는 태기胎氣가 있습니다
절망의 절망
어둠의 어둠
허무한 슬픔과 우리들의 비굴함이
외로운 자궁 속을 뛰어놉니다

우리의 어리석음 우리의 이기利己가
상상의 생명을 얻어
꿈틀대고 있습니다.

꽃

네 그림자를 밟는
거리쯤에서
오래 너를 바라보고 싶다

팔을 들어
네 속닢께 손이 닿는
그 거리쯤에
오래오래 서 있으면

거리도 없이
너는 내 마음에 와 닿아
아직 터지지 않는 꽃망울 하나
무량하게 피어올라

나는 네 앞에서
발이 붙었다.

거리에서

다치지 않으마
길에서 우연히 마주치는 사람들
누군가의 살타는 그리운 얼굴
소중하게 아끼는 애인일 거야

애인이여
그대 옆을 무심히 지나치는 사람
그대 등에 무심히 떨어지는 낙엽
내 무엇으로 그와 바꾸랴
그대 발에 뒤채이는 돌과 바꾸랴.

백치 슬픔

사랑하면서
슬픔을 배웠다

사랑하는 그 순간부터
사랑보다 더 크게
내 안에 자리 잡은
슬픔을 배웠다

사랑은
늘 모자라는 식량
사랑은
늘 타는 목마름

슬픔은 구름처럼 몰려와
드디어 온몸을 적시는
아픈 비로 내리나니

사랑은 남고
슬픔은 떠나라

사랑해도
사랑하지 않아도
떠나지 않는 슬픔아
이 백치 슬픔아

잠들지도 않고
꿈의 끝까지 따라와
외로운 잠을 울먹이게 하는
이 한 덩이
백치 슬픔아

나는 너와 이별하고 싶다.

5

약속

스카이라운지에서
그분과 마주 앉는다

교회당 종소리처럼
소리만 울려오던 그분
찻잔 안에 일렁이며
메아리쳐 온다
가까이

가까이
차를 마시면
찻잔 속에
흔들리는 바다

위험한 파도의
끄트머리로
나는 달려가고 있었다.

그리움

찾아낼 수 없구나
문 닫힌 방안에
정히 빗은 내 머리를
헝클어 놓는 이는

뼛속 깊이깊이 잠든 바람도
이 밤 깨어나
마른 가지를 흔들어 댄다

우주를 돌다돌다
내 살갗 밑에서 이는 바람
오늘 밤 저 폭풍은
누구의 미친 그리움인가

아 누구인가
꽁꽁 묶어 감추었던
열 길 그 속마음까지 열게 하는 이는.

엘리베이터

바람도 없는 공간에
그분과
나는 숨어 버렸네

7초七秒의 여행
7초七秒의 잠적을

나는 잊지 못한다.

슬픔

슬픔을 가지고 논다
분칠을 벗긴 슬픔
마알갛게 씻은
슬픔은 예쁘다

다정한 슬픔
소리 없는 슬픔
빈 주머니 속에서도
만지작거리며 가지고 노는
슬픔

양식보다 더 풍성히 쌓여
슬픔은 부족하지 아니하다

나는 슬픔에게 교태를 부린다
슬픔은 나를 기르며 지배한다
늙지도 않고
새로운 힘으로 태어나는
슬픔

눈물도 아닌
절망도 아닌
치욕도 아닌
오늘 슬픔은 예쁘다

슬픔을 갖고 놀며
슬픔을 잊는다.

폭풍

회오리 회오리바람에
수만 번 돌다가
쓰러지고 싶다

쓰러져서 완전히
박살나고 싶다

한 점 가루도 남김없이
폭풍에 아스라이
날려가서

이승의 끝에 가서
끝에 가서
아 흔적도 없이…

당신의 협곡峽谷

눈을 감아서 몸은 잘 모릅니다만
당신, 내가 그 마음 안에 가 산다는 것
눈이 흐려 잘 못 보았지만
언제 쓰러졌는지 당신 그늘이 무너져있어요

바람이 바위를 치듯 살 허문 무늬를 봐요
물살이 바위를 밀어붙이듯 세상이 덮친 자국들 봐요
그렇게 밀리고 넘어진 그렇게 푸르다 붉은 멍을 안고 있는
당신의 깊고 융숭한 협곡을 보네요

당신, 그 협곡 아프나요?
당신 손가락 사이 협곡에도 쓰린 바람 불고
목덜미는 절벽이었는지 아찔하게 떨고
구부러진 등 헐렁한 허벅지엔 가벼워 슬픈
절망마저 시들어가네요

눈을 감아서 몸은 잘 모릅니다만
당신, 그 가슴에 자꾸만 더 깊어지는 마음속의 협곡
하루가 다르게 삐걱거리는 뼛속 울림과
당신의 헛딛는 걸음 속의 위험에 입 맞추며

일생 고이기만 한 그 눈물 핥으며 나 거기 살고 있어요.

거나하게 취해 홀로 비틀거리며 집으로 돌아가는
당신 마음속 그 추운 협곡의 어둠 속에
나 이끼처럼 당신을 덮고 있어요.

네가 눈뜨는 새벽에

네가 눈뜨는 새벽
숲은 밤새 품었던 새를 날려
내 이마에
빛을 물어다 놓는다
우리 꿈을 지키던
뜰에 나무들 바람과 속삭여
내 귀에 맑은 종소리 울리니
네가 눈뜨는 시각을 내가 안다
그리고 나에게 아침이 오지
어디서 우리가 잠들더라도
너는 내 꿈의 중심에
거리도 없이 다가와서
눈뜨는 새벽의 눈물겨움
다 어루만지니
모두 태양이 뜨기 전의 일이다

네가 잠들면
나의 천국은 꿈꾸는 풀로
드러눕고
푸른 초원에 내리는

어둠의 고른 숨결로
먼 데 짐승도 고요히 발걸음 죽이니
네가 잠드는 시각을 내가 안다
그리고 나에게 밤이 오지
어디서 우리가 잠들더라도
너는 내 하루의 끝에 와
심지를 내리고
내 꿈의 빗장을 먼저 열고 들어서니
나의 잠은
또 하나의 시작
모두 자정이 넘는 그 시각의 일이다

신 달 자

연 보

1943년 경남 거창읍에서 태어났지만 태어난 집의 주소는 모르고 5세 때부터 거창읍 동동 780번지에서 부모님이 고향을 떠날 때까지 살았다. 음력으로 사월 초파일에 태어났다. 태어난 시간까지 사시로 부처님과 같았다. 양력으로는 5월11일이다. 어머니가 여자아이가 큰 날 태어났다고 해서 걱정을 해 10살 때까지 생일날 아침 절에 가서 아침밥을 먹였다. 다섯째 딸로 태어나 아버지 어머니를 실망시켜 바로 출생신고를 하지 않았다. 출생신고를 하지 않다가 연말에 출생신고 하라는 읍사무소 직원의 권유로 가서 출생 신고한 날이 12월 25일이다.
호적에는 양력 12월 25일로 되어 있다. 죄송스럽게도 두 성인의 생일을 가지고 있다.

1950년 초등학교 2학년에 6·25전쟁이 일어났다. 시체의 발을 밟으며 피난을 했고, 우리집 창고가 불나는 것을 언덕에서 바라보았다. 아버지는 서울에 있었고 어머니는 할머니 할아버지와 함께 피난살이에서 가족들을 지키고 살았다. 전쟁이 무엇을 말하는지 그 현장을 보았고 부모를 잃은 아이가 울었지만 사람들은 지나치고 있었다. 먹을 것이 없었던 그 지독한 전쟁의 피 냄새가 지금도 비릿하다.

1955년 거창여중에 입학했다.

1958년 거창여고에 입학했다.

1959년 고향의 물과 바람과 작별을 하고 거창여고 2학년 봄

부산 남성여고로 전학을 갔다. 처음으로 본 바다는 내게 많은 충격과 꿈을 키우게 했다. 전학 간 여고 2학년 가을에 경남 백일장에 「길」이라는 제목으로 1등을 했고(이형기 박재삼 심사), 그 덕으로 숙명여자대학교 국문과에 들어갔다. 그곳에서 내 생의 인연들을 많이 만났다.

1961년 숙명여자대학교 국어국문과 입학, 김남조 · 박목월 선생님을 만났다. 김남조 선생님은 국문과에서 시를 담당하셨으므로 1학년에서 지금까지 인연을 가지고 있으며 박목월 선생님은 문학의 밤 초대 손님으로 자주 오셨으므로 알게 되었다.
결국 선생님의 주선으로 결혼 후 중단된 시 작업에 새로운 출발을 열어 주신 분이다.

1964년 대학 4학년 때 전봉건 선생님이 하시는 <여상>에 신인 여류문학상을 받았다.
「환상의 방」이라는 작품은 대학 졸업반의 미래를 다짐하는 기회를 가지게 했다.

1965년 숙명여대 국어 국문과를 졸업했다. 시인이 되어 졸업을 했지만 졸업 후의 생활은 방황 속에 있었다. 그 어떤 것도 약속된 것이 없었으며 미래는 불확실했다. 아버지의 사업도 내리막길이었고, 취직은 어려웠다. 결국 국문과 조교로 들어갔다.

1968년 경영학을 전공하는 심현성과 결혼했다.

1969년 첫딸 태희를 출산했다.

1970년 둘째 아림이를 출산했다.

1972년 현대문학에 박목월 선생님의 추천으로 재등단을 하는 복잡한 과정을 거쳤다.

1973년 첫시집 『봉헌문자』(현대문학)을 펴냈다.

1975년 셋째딸 연경이를 출산했다.

1976년 시집 『겨울축제』를 펴냈다.

1977년 가톨릭에 입교했다.

1978년 숙명여자대학교 대학원 국문과에 입학했다.

1979년 시집 『고향의 물』(서문당)을 펴냈다

1980년 숙명여자대학교 대학원 졸업했다. 숭실대학교 국어국문과 출강을 시작으로 숙명여대 덕성여대 경기대학 수원대학 등 10년 강사 경력을 지냈다.

1983년 첫 수필집 『다시 부는 바람』(여원사)을 펴냈다.

1985년 시집 『모순의 방』(열음사)을 펴냈다.

1986년 전작 시집 『아가 1』(행림출판사), 『아가 2』(문학사상)을 펴냈다.

1988년 시집 『새를 보면서』(문학세계사)를 펴냈다.
수필집 『백치 애인』(자유문학사)

1989년 시집 『새를 보면서』로 (전 예술진흥원)에서 주는 대한민국문학상을 받았다.

1990년 소설『물위를 걷는 여자』를 펴냈다. 영화화했으며, KBS에서 드라마가 되었다

1992년 숙명여자대학교에서 문학박사를 취득했다.

1992년 평택대학교 국어국문과 교수(1992-1997년)가 되었다.

1993년 시집『시간과의 동행』을 펴냈다 연변을 다녀온 기행시와 평택을 주제로 한 시집이다.

1997년 평택대학교에서 명지전문대 문예창작과로 이동하였다.

1999년 시집『아버지의 빛』을 펴냈다 아버지가 88세로 불행하게 돌아가시고, 아버지에 대한 연작시를 섰다. 아버지는 아버지라는 이름으로 나에게 유산을 남기셨다.

2000년 남편이 사망했다. (10월 21일) 24년의 투병을 끝내다.

2001년 시집『어머니 그 삐뚤삐뚤한 글씨』를 펴냈다.
『어머니 삐뚤삐뚤한 글씨』(문학수첩)로 시와시학상을 수상했다.

2003년 시선집『이제야 너희를 만났다』(문학수첩)을 펴냈다.

2004년 시선집으로 36회 한국시인협회상을 수상하였다
시집『오래 말하는 사이』(민음사)를 펴냈다
12회 현대불교문학상을 작품「저 거리의 암자」로 수상했다.

2006년 숙명문학상 수상했다.

2007년 시집『열애』(민음사)를 펴냈다. 불교문학상 수상.

2008년 시집 『열애』로 제6회 영랑문학상을 영랑의 생가 강진군에서 수상했다. 자전적에세이 『나는 마흔에 생의 걸음마를 배웠다』를 펴냈다. 한국 브라질 수교 50주년 기념으로 브라질 초청 세미나에 참석했고, 포르투갈어로 번역 시집을 출간했다.
아르헨티나 한국문화원 초청 스페인 시인들과 시낭송회를 열었다.

2010년 <이제는 문화다!>(조선일보·사회통합위원회 공동주최) 사랑, 연애, 성, 가족 등에 대한 태도와 인식 변화 연구.

2011년 『눈송이와 부딪쳐도 그대 상처 입으리 - 시가 있는 아침』(문학의 문학) 펴냈다. 숙명여자대학 객원교수.
독일어 번역 시집 『열애(Die leidenschaftilche)』(출판사 Delta, 출판국 Germany, 서정희 번역)
에세이집 『여성을 위한 인생 10강』(민음사) 펴냄.
<시선> 우리시대의 시인을 찾아서 박경순 대담.
『종이』 시집이 민음사에서 나왔다.
『종이』 시집으로 21세기문학상 수상.
『종이』 시집으로 대산문학상 수상.

2012년 시인협회 회장 취임.

〖한국대표명시선100〗을 펴내며

　한국 현대시 100년의 금자탑은 장엄하다. 오랜 역사와 더불어 꽃피워온 얼·말·글의 새벽을 열었고 외세의 침략으로 역경과 수난 속에서도 모국어의 활화산은 더욱 불길을 뿜어 세계문학 속에 한국시의 참모습을 드러내게 되었다.
　이 나라는 글의 나라였고 이 겨레는 시의 겨레였다. 글로 사직을 지키고 시로 살림하며 노래로 산과 물을 감싸왔다. 오늘 높아져 가는 겨레의 위상과 자존의 바탕에도 모국어의 위대한 용암이 들끓고 있음이다.
　이제 우리는 이 땅의 시인들이 척박한 시대를 피땀으로 경작해온 풍성한 시의 수확을 먼 미래의 자손들에게까지 누리고 살 양식으로 공급하는 곳간을 여는 일에 나서야 할 때임을 깨닫고 서두르는 것이다.
　일찍이 만해는 「님의 침묵」으로 빼앗긴 나라를 되찾고 잃어가는 민족정신을 일으켜 세우는 밑거름으로 삼았으며 그 기름의 뜻은 높은 뫼로 솟아오르고 너른 바다로 뻗어나가고 있다.
　만해가 시를 최초로 활자화한 것은 옥중시 「무궁화를 심고자」(《개벽》 27호 1922. 9)였다. 만해사상실천선양회는 그 아흔 돌을 맞아 만해의 시정신을 기리는 일의 하나로 '한국대표명시선100'을 펴내게 된 것이다.
　이로써 시인들은 더욱 붓을 가다듬어 후세에 길이 남을 명편들을 낳는 일에 나서게 될 것이고, 이 겨레는 이 크나큰 모국어의 축복을 길이 가슴에 새겨나갈 것이다.

만해사상실천선양회

한국대표명시선100 | 신 달 자

너를 위한 노래

1판1쇄 발행   2012년 8월 10일
1판2쇄 발행   2013년 8월 10일

지 은 이   신 달 자
뽑 은 이   만해사상실천선양회
펴 낸 이   이 창 섭
펴 낸 곳   시인생각
등 록 번 호   제2012-000007호(2012.7.6)
주   소   경기도 양평군 옥천면 고읍로 164
　　　　　㈜476-832
전   화   (031)955-4961
팩   스   (031)955-4960
홈 페 이 지   http://www.dhmunhak.com
이 메 일   lkb4000@hanmail.net

값 6,000원

ⓒ 신달자, 2012

ISBN 978-89-98047-11-5 03810

* 저자와의 협의에 의하여 인지를 생략합니다.
* 이 책의 저작권은 저자와 시인생각에 있습니다.
* 잘못된 책은 책을 구입하신 서점에서 교환하여 드립니다.

※ 이 책은 만해사상실천선양회의 지원으로 간행되었습니다.